Eine Geschichte darüber,
wie man mit den Hausaufgaben
leichter fertig wird.

Annette Neubauer

Frau Ulkig
oder Wie man Hausaufgaben richtig macht

Illustrationen von Mirella Fortunato

albarello

Leon sitzt
an seinem Schreibtisch.
Vor ihm liegen
eine Menge Spielsachen,
ein Buch und ein Schreibheft.
Leon soll
Hausaufgaben machen.
Doch er hat keine Lust.
Er schaut lieber
aus dem Fenster
und beobachtet die Menschen
auf der Straße.
Ob die Frau
mit dem roten Hut
in die Bäckerei geht?
Was ist bloß in der Tüte
von dem alten Mann?

„Leon!", hört er
auf einmal die Stimme
seiner Mutter.
„Wie weit bist du denn
mit deinen Hausaufgaben?"
Leon erwacht
aus seinen Tagträumen
und sieht auf seinen
Schreibtisch.

Die Hausaufgaben
hat er ganz vergessen!
Ja, er hat noch nicht
einmal sein Buch
aufgeschlagen.

Da kommt seine Mutter
in das Zimmer.
„Möchtest du denn nicht
mit den anderen Kindern
auf den Spielplatz?",
fragt sie ihn.
„Nora und Jan haben schon
nach dir gefragt."
Klar möchte Leon
mit seinen Freunden
draußen spielen.
Aber gerade heute
hat er so viel auf.
Womit soll er nur anfangen?
Leon öffnet seine Mappe
und nimmt einen Stift heraus.

Er kaut ein wenig auf ihm herum
und stöhnt.
„Warum stöhnst du denn so?",
hört er auf einmal eine Stimme.
Leon staunt und schaut sich
in seinem Zimmer um.
„Hihihihihi", hört er ein
leises Kichern. „Siehst du
mich nicht? Kein Wunder!
Dein Schreibtisch ist voller
Spielsachen! So findest du
ja nicht einmal deine
Schulsachen."

Leon schiebt seinen
großen Lastwagen zur Seite,
der mitten auf dem Tisch steht.
Und tatsächlich: Dahinter
entdeckt er eine kleine, lustige Frau.
Sie hält eine große, bunte Tasche
in ihrer Hand.

„Wer bist du denn?", fragt Leon
die kleine Frau erstaunt, die sich
nun auf Leons Buch setzt.
„Ich heiße Frau Ulkig", stellt sich
die kleine Frau vor. „Und du
bist Leon."
„Woher weißt du das?",
fragt Leon verwundert.
„Ich wohne seit einiger Zeit
in deinem Zimmer", antwortet
Frau Ulkig. „Aber du hast
mich bisher noch nicht bemerkt."
„Stimmt", sagt Leon.

2   1

a

„Aber nun sag schon:
Warum stöhnst du
so schrecklich?", fragt die kleine
Frau und schaut ihn neugierig an.
„Ich muss Hausaufgaben
machen", erklärt Leon. „Und
ich weiß gar nicht,
womit ich anfangen soll."

„Na, wenn es weiter nichts ist!
Das kann ich dir sagen."
Frau Ulkig geht
mit kleinen Schritten auf Leon zu.
Dann flüstert sie ihm zu:
„Fang einfach mit dem an,
was du am besten kannst."

„In Sprache bin ich ganz gut", überlegt Leon. „Heute müssen wir etwas über einen Drachen schreiben."

„Oh, über einen kleinen, grünen Drachen, der in einem See lebt?", fragt Frau Ulkig.

„Mein Drache ist riesengroß. Er hat Zacken auf dem Rücken und eine lange, rote Zunge. Er lebt in einer Höhle", erklärt Leon. „Jeden Tag fliegt er zu einer Burg. Er hat schon einen Ritter gerettet und …"

„Die anderen Kinder
werden Augen machen,
wenn du ihnen
das morgen vorliest."
Frau Ulkig klatscht begeistert
in die Hände.

„Meinst du wirklich?" Leon sieht
sie zweifelnd an.
„Ja, das meine ich wirklich.
Aber dafür musst
du es aufschreiben.
Deswegen will ich dich
nicht weiter stören.
Bis morgen."

Frau Ulkig nimmt
ihre Tasche und stellt sie
auf den Tisch.
Sie klettert hinein, setzt sich
und hält sich
an beiden Henkeln fest.
„Tschüss!", ruft sie
und winkt Leon zu.
Dann hebt sie ab
und fliegt aus dem Fenster.

Leon schaut ihr
mit offenem Mund nach.
Dann schreibt er
einen langen Aufsatz
über den Drachen „Daniel
Feuerzunge".
Er ist sehr zufrieden
mit seiner Geschichte.
Deshalb macht er
erst einmal eine kurze Pause
und trinkt ein Glas frische Milch.
Anschließend erledigt er
zügig die Rechenaufgaben.

Dabei dürfen ihn weder
seine Mutter noch seine
kleine Schwester stören.
Keiner soll jetzt
sein Zimmer betreten.
Als er fertig ist, schaut sich
seine Mutter alles an.

„Das hast du aber gut gemacht, Leon!", lobt sie ihn. „Dann geh mal nach draußen zu den anderen." Leon strahlt und stürmt los.

Nora und Jan sind schon auf dem Spielplatz. Sie winken ihm von Weitem zu. „Da bist du ja endlich", freut sich Jan. „Was hast du denn so lange gemacht?", fragt Nora ihn. „Hausaufgaben!", antwortet Leon stolz. Nora und Jan sehen sich an. Auf einmal haben sie ein ungutes Gefühl: Die Hausaufgaben haben sie nämlich noch nicht gemacht.

Am nächsten Tag
hat Nora Geburtstag.
Sie hat viele Kinder
aus ihrer Klasse eingeladen
und in der Schule sind alle
schon ein bisschen aufgeregt.

Beim Mittagessen ist Leon
ganz unruhig.
Schnell isst er seinen Teller leer.
Er will sofort zu Nora.

„Hast du denn keine Hausaufgaben
auf?", fragt ihn seine Mutter
und deckt den Tisch ab.
„Heute nicht", flunkert Leon.
Dabei schaut er seine Mutter
nicht an. Die wenigen Aufgaben
kann er auch noch
am Abend machen!

„Das ist aber merkwürdig",
sagt seine Mutter zweifelnd.
„Ihr habt doch
jeden Tag etwas auf.
Warum denn heute nicht?"
Leon hört
seiner Mutter
gar nicht mehr
richtig zu.
Bevor sie noch
etwas fragen kann,
nimmt er seine Jacke
und läuft
in das Nachbarhaus.
Dort wohnt Nora.

Abends kommt Leon
glücklich nach Hause.
Es war eine tolle Feier
mit Schokoladenkuchen,
Spielen und Würstchen.
Als er in sein
Zimmer geht,
stolpert er über
seine Schultasche.

„Aufgepasst!", hört er Frau Ulkig,
die aus seinem Ranzen klettert.
„Du brichst mir noch
alle Knochen."
Frau Ulkig reibt sich
ihr linkes Knie.

C

a

„Guten Abend, Frau Ulkig!",
sagt Leon höflich.
„Da bist du ja endlich",
antwortet sie nur. „Jetzt setz
dich aber hin und
mach deine Hausaufgaben."
Leon setzt sich müde
an den Tisch.
Wie soll er jetzt noch richtig
rechnen? Doch es hilft nichts.
Er schlägt sein Buch auf,
nimmt einen Stift und fängt an.
„Siehst du denn überhaupt
etwas?", fragt ihn Frau Ulkig.
„Mach erst einmal deine
Schreibtischlampe an.
Sonst kannst du deine
eigene Schrift nicht lesen."

Leon knipst die Lampe an.
So kann er die Zahlen
viel besser erkennen.
Er beginnt mit
dem ersten Rechenkästchen
und gähnt.
Dann hat er eine Idee:
Er dreht das Radio an
und sofort ertönt laute Musik.

„Was machst du denn da?",
fragt Frau Ulkig erstaunt.
„Musik hält mich wach", erklärt Leon.
Frau Ulkig macht einige Tanzschritte
auf dem Tisch. „Das stimmt.
Schlafen kannst du bei der Musik
nicht. Aber rechnen kannst du
dabei auch nicht", sagt Frau Ulkig
bereits ein wenig atemlos.

„Ich weiß etwas viel Besseres,
damit du wieder wach wirst:
Geh einfach an das Fenster,
mach es auf und atme einige
Male tief ein. Das hilft."
Leon macht das Radio aus und
atmet die frische Abendluft ein.
Danach fühlt er sich
nicht mehr so müde.
„Aber noch besser ist es,
wenn du deine Hausaufgaben
immer zur selben Zeit machst",
erklärt Frau Ulkig. „Viele Kinder
lernen nach einer längeren
Mittagspause gut. Abends und
direkt nach dem Essen sind die
meisten Menschen müde. Ich
muss jetzt jedenfalls schlafen."

Mit diesen Worten
steigt Frau Ulkig
wieder in ihre Tasche,
rollt sich zusammen
und schläft ein.

Am nächsten Morgen
kommt die Lehrerin,
Frau Umfang, gut gelaunt
in das Klassenzimmer.
Sie stellt ihre große Tasche
neben die Tafel.

„Guten Morgen!", begrüßt sie die
Schüler. „Ich möchte heute
mit euch einen Fallschirm bauen.
Lasst uns also gleich mit den
Hausaufgaben beginnen,
damit wir Zeit zum Basteln haben."
„Ja! Juchhu! Klasse!", rufen die
Kinder begeistert.

„Jan, fang einmal
mit den Rechenaufgaben an",
fährt sie fort.
„Zu Hause wusste ich nicht mehr,
was wir machen mussten",
sagt Jan kleinlaut und wird rot.
„Ich hatte in der Schule
nichts aufgeschrieben."
„Äh, das kann jedem mal
passieren", sagt Frau Umfang.
„Sarah, was ist mit dir?"
Sarah ist Noras beste Freundin.
Verlegen sieht sie Frau Umfang
an.
„Ich habe wohl mein Heft
nicht dabei", antwortet sie
schüchtern.

„Nun, Leon, und du?",
fragt Frau Umfang
erwartungsvoll.
Leon beginnt:
„23 + 5 = 28,
12 + 4 = 17 ..."
„Was ist denn
nur los mit euch?"
Frau Umfang
schüttelt ihren Kopf.
Dabei rutscht
ihre Brille ein wenig
von der Nase.

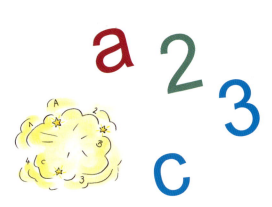

„Hausaufgaben sind
sehr wichtig!", erklärt Frau
Umfang nach einer Weile.
„Wenn ihr zu Hause wiederholt,
was wir in der Schule lernen,
merkt ihr euch alles viel besser."
Auf einmal ist es ganz ruhig
in der Klasse.

„Ich habe eine Idee:
Wir schreiben einige Tipps
an die Tafel. Wenn ihr
die beachtet, klappt es
mit den Hausaufgaben
bestimmt", sagt Frau Umfang
in die Stille. „Wer weiß,
was wir bei den Hausaufgaben
beachten müssen?"
Die Kinder denken nach.
Dann sieht Leon auf einmal
die Tasche von Frau Umfang.
Sein Finger schnellt
in die Höhe.

„Es dürfen nicht
so viele Dinge auf
dem Schreibtisch stehen.
Das lenkt ab", sagt er.
„Es muss ruhig sein.
Und es ist gut,
die Hausaufgaben
nicht mit vollem Bauch
oder abends zu machen."
Frau Umfang nickt.
Den anderen Kindern
fällt auch noch
eine Menge ein.
Und schließlich
ist die Tafel voll.
Die Schüler schreiben
in ihre Hefte,
was dort steht:

TIPPS FÜR DIE HAUSAUFGABEN:

1. In der Schule schreibe ich die Aufgaben in ein Hausaufgabenheft.

2. Ich suche mir zu Hause einen ruhigen Platz.

3. Ich sage meinen Geschwistern und Eltern, dass sie mich nicht stören sollen.

4. Ich räume alles, was ich nicht brauche, von meinem Schreibtisch.

5. Ich achte auf ausreichendes Licht.

6. Ich mache die Hausaufgaben jeden Tag zur selben Zeit.

7. Ich fange mit der leichtesten Aufgabe an.

8. Ich mache eine kurze Pause, wenn ich eine Aufgabe erledigt habe.

9. Ich mache einen Haken an die Aufgabe, die fertig ist.

Ich versuche die Hausaufgaben ohne fremde Hilfe zu erledigen. Ich frage meine Eltern erst, wenn ich wirklich nicht weiterweiß.

„Bis heute Nachmittag!",
ruft Leon seinen Freunden
nach der Schule zu.
„Erst machen wir
die Hausaufgaben",
antwortet Jan.
„Danach treffen
wir uns."

„Genau! So macht
das Spielen viel mehr Spaß",
stimmt Nora zu.

Beim Mittagessen
erzählt Leon seiner Mutter,
was sie gelernt haben.
„Na, dann ruhe dich
erst einmal kurz aus,
bevor du mit deinen
Hausaufgaben anfängst",
sagt sie schmunzelnd.
„Und vergiss nicht,
das Spielzeug von deinem
Schreibtisch zu räumen,
damit du genügend Platz
für deine Schulsachen hast."

Leon geht in sein Zimmer.
Vielleicht trifft er dort
Frau Ulkig wieder.
Er will ihr unbedingt
die Hausaufgaben-Tipps zeigen.
Frau Ulkig wird Augen machen!
Als Leon seinen Lastwagen
unter sein Bett stellen will,
hört er wieder die vertraute
Stimme von Frau Ulkig.
„Willst du mich überfahren?",
schimpft die kleine Frau.
„Pass doch auf, was du machst.
Schließlich wohne ich auch hier."
Leon schaut unter sein Bett.
Dort streicht Frau Ulkig
gerade ihr Kleid glatt.

54

„Entschuldigung!", sagt Leon
zu ihr. „Aber gut, dass ich dich
gefunden habe. Ich muss dir
nämlich etwas zeigen."
Er geht zu seiner Schultasche,
zieht sein Schreibheft heraus
und schlägt die Seite
mit den Hausaufgaben-Tipps auf.
Frau Ulkig fängt sofort an zu
lesen. „Sehr gut!", murmelt sie.
„Das sage ich doch auch immer!"

Dann sieht
die kleine Frau
Leon verschmitzt an.
„Weißt du, Leon", sagt sie
zu ihm, „ich glaube,
ich wohne jetzt
eine Zeit lang
bei einem anderen Kind.
Du brauchst mich
nicht mehr."
„Kommst du denn
noch einmal vorbei?",
fragt Leon schnell.
Frau Ulkig steigt bereits
in ihre Tasche.

„Klar!", ruft sie laut
und winkt Leon dabei zu.

Dann hebt sie ab
und fliegt davon.

Liebe Eltern!

Für viele Familien sind Hausaufgaben jeden Tag aufs Neue eine Herausforderung: Sandra trödelt den ganzen Nachmittag herum, Marius hat schon wieder vergessen, was er aufhat, Vanessa hat Angst zu versagen und Meike lässt sich ständig ablenken.
Das vorliegende Buch zeigt den kleinen Lesern auf spielerische Art, wie sie mit Schularbeiten besser umgehen können. Aber auch Sie können Ihr Kind auf einfache Weise unterstützen:

- Zeigen Sie Ihrem Kind, dass Hausaufgaben nicht unüberwindbar sind, sondern Schritt für Schritt erledigt werden können und ein Ende haben.
- Überlegen Sie gemeinsam mit Ihrem Kind, wann es am besten lernt. Halten Sie jedoch eine einmal vereinbarte Zeit konsequent ein.
- Ermutigen Sie Ihr Kind, indem Sie seine Erfolge anerkennen: „Diese Aufgaben hast du sehr gut gelöst! Jetzt klappen die nächsten bestimmt auch!"
- Lassen Sie Ihr Kind so eigenständig wie möglich arbeiten, auch wenn das Ergebnis nicht fehlerfrei ist.
- Akzeptieren Sie Tage, an denen Ihr Kind unkonzentrierter ist als sonst.
- Stellen Sie sicher, dass Ihr Kind genügend Zeit zum Spielen und Toben hat.
- Fragen Sie sich ab und zu, ob Sie zu viel von Ihrem Kind erwarten.
- Bedenken Sie, dass gerade jüngere Kinder Ihre Aufmerksamkeit über einen längeren Zeitpunkt noch nicht halten können.

Wie in vielen Erziehungsfragen ist auch hier Durchhaltevermögen gefordert, denn neue Gewohnheiten müssen gemeinsam eingeübt werden. Aber Sie werden sehen: Bei Beachtung dieser einfachen Regeln werden Hausaufgaben schließlich zur Nebensache.

Viel Erfolg und viel Spaß wünscht Ihnen und Ihrem Kind

Annette Neubauer

Annette Neubauer   **Mirella Fortunato**

leitet die Pädagogische Fachpraxis „Durchblick" in Gütersloh. Mit Kindern den Spaß am Lesen und Lernen zu entdecken findet sie einfach Klasse! Neben ihrer Lehrtätigkeit arbeitet sie als Autorin und hat bereits zahlreiche Publikationen rund um das Thema „Schulschwierigkeiten" veröffentlicht.

wurde am 16.08.1969 in Gießen geboren. Neben dem Studium der Kunsterziehung und Anglistik studierte sie in Mainz Kommunikationsdesign. Seit 1997 ist sie als Illustratorin tätig und lebt heute in Wiesbaden.

Originalausgabe
4. Auflage

© 2008 Annette Neubauer (Text)
© 2008 Mirella Fortunato (Illustration)
© 2008 Albarello Verlag GmbH
Alle Rechte liegen bei
Albarello Verlag GmbH, Wuppertal
Neue Rechtschreibung
ISBN 978-3-86559-006-0

www.albarello.de

Ein weiteres Buch von Annette Neubauer zum Thema Schule:

KLECKSI
*oder Welche Regeln man
in der Schule beachten soll*
Annette Neubauer (Text)
Mirella Fortunato (Illustration)

ab Einschulungsalter,
64 Seiten, 17,3 x 24,5 cm
Originalausgabe
Neue Rechtschreibung
ISBN: 978-3-86559-027-5

Paula wird in der Schule neben Karl gesetzt und entdeckt, dass Karl einen kleinen, frechen Freund hat: Klecksi. Im Unterricht setzt sich Klecksi in Karls Federmappe und stiftet ihn an, Paula zu ärgern und Unsinn zu machen. Da hat Paula eine gute Idee: Sie schreibt Klecksi die wichtigsten Regeln auf, die man in der Schule beachten sollte. Und da sich Klecksi und Karl an die Regeln halten, können sie auch mit Paula Freundschaft schließen. Das hilft beim Lernen, und so können Karl und Paula sogar gemeinsam für einen Test üben.

Mit der Einschulung starten die Kinder in einen neuen Lebensabschnitt. Sie sind stärker auf sich gestellt und müssen in der Klasse mit der neuen Situation und ihren Mitschülern zurechtkommen.
Hierbei helfen einige wichtige Regeln, die Annette Neubauer, Leiterin einer pädagogischen Fachpraxis, in dieser Geschichte aufzeigt. Mit großzügigem Schriftbild und vielen farbigen Illustrationen hilft dieses Buch Schulanfängern, sich in der Schule zurechtzufinden.

*Weitere Bücher aus dem Albarello-Programm
und einige Spiel- und Basteltipps unter:*

www.albarello.de

**NEUE SCHULTIPPS
VON FRAU ULKIG**
oder Wie man aus Fehlern lernen kann
Annette Neubauer (Text)
Mirella Fortunato (Illustration)
ab Einschulungsalter,
64 Seiten, 17,3 x 24,5 cm,
Originalausgabe
Neue Rechtschreibung
ISBN: 978-3-86559-042-8

KANNST DU SCHON DAS ABC?
Entdecke spielend das Alphabet!
Julia Volmert (Text), Gesa Schütt (Illu.)
ab 3, 32 Seiten, Buch: 20 x 22 cm!
Holzpuzzle: 30 x 22,5 cm
**Mit passendem Buchstabenpuzzle
aus Holz zu jedem Buch !!!**
Originalausgabe
Neue Rechtschreibung
ISBN 978-3-86559-001-5

Toms Antworten in der Schule sind manchmal falsch. Dann ist er frustriert und will gar nicht mehr mitmachen. Da taucht die winzige Frau Ulkig in ihrer fliegenden Tasche auf, um Tom zu helfen. Dank ihrer Tipps hat Tom nun viel mehr Spaß in der Schule. Er weiß jetzt, dass jeder Fehler macht und dass man aus Fehlern lernen kann. Und zu guter Letzt hat Frau Ulkig sogar noch ein paar tolle Tipps, wie Tom so richtig gut auf dem Skateboard fahren lernen kann.

Dies ist der zweite Band über die kleine Frau Ulkig. Er ermutigt Kinder, das Gute in ihren Leistungen zu erkennen, um daraus Selbstbewusstsein zu ziehen, vor großen Aufgaben nicht zurückzuscheuen, sondern sie schrittweise zu bewältigen, und Fehler nicht als Makel zu betrachten, sondern aus ihnen zu lernen.

Mit diesem Buch und dem Buchstabenpuzzle können Kinder im Vor- und Grundschulalter das Alphabet spielerisch erlernen. Die Begriffe, die den Buchstaben zugeordnet sind, sind eindeutig und unverwechselbar und können so von den Kindern selbstständig benannt werden. Jede Seite regt auch zum Sprachtraining an, indem die Begriffe benannt oder einfache Fragen beantwortet werden sollen. So kann sich ein Kind sowohl allein mit dem Buch beschäftigen als auch mit einem Erwachsenen zusammen die Lernspiele im Anhang machen, und durch die Beschäftigung mit dem ABC-Puzzle werden die Buchstaben in ihrer Form nicht nur durch Betrachten, sondern auch durch „Begreifen" und Ertasten verstanden.